IT'S RAINING CATS AND DOGS

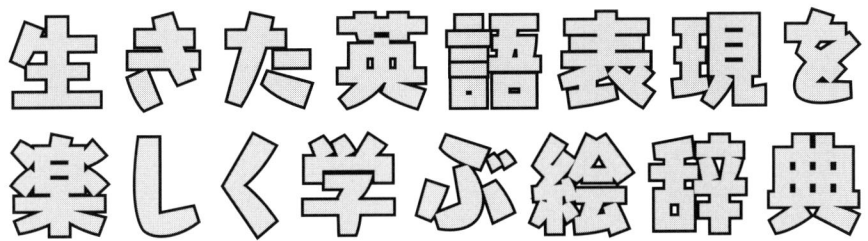

生きた英語表現を楽しく学ぶ絵辞典

イディオム・省略表現・日常表現・両義語句・メタファーなど

マイケル・バートン 著/イラスト　デリア・バートン まえがき

マーク & 幸恵・テーラー 訳

東京書籍

編集注

本書はもともと、自閉症スペクトラム障害の人とその周りで彼らを理解し支援しようとする人たち向けにイギリスで作られたものです。しかしながら、著者による「はじめに」の13頁の記述からわかるように、実は英語を母国語としない外国人一般にもおおいに役立つものとなっています。日本語版では、巻末に「掲載語句一覧」を設け、そこに代替表現や類似の表現も加えて、日本のユーザーにとってより幅広く学べるように仕立てました。元の表現に添えた直訳は、"あえて直訳すれば" そのような意味になるということで、参考にしてください。

自閉症の人たちの理解のために、以下に本書に出てくる関連用語の簡潔な解説をします。

自閉症スペクトラム障害： 主に ①対人関係（社会性）の問題、②コミュニケーションの問題、③極端なこだわり、興味や活動の限定、常同的・反復的パターンなどの行動上の問題、の三つ組（三つの症状）により特徴づけられる障害

定型発達： 通常の発達をさす言葉で、健常者、一般人とほぼ同義語

高機能自閉症： 知能には問題がない自閉症スペクトラム障害の中の一群。概して視覚認知・空間認知は優れているが、幼児期には言葉の発達に遅れがあり、自閉症の特徴が顕著なことが多い。

アスペルガー症候群： 知能や言語には問題がない自閉症スペクトラム障害の中の一群。概して言葉の遅れはなく、自閉症の特徴が比較的目立たないタイプ。感覚過敏がある場合や不器用な場合も少なくない。

First published in 2012 by Jessica Kingsley Publishers
London and Philadelphia

Copyright © Michael Barton 2012
Illustrations copyright © Michael Barton 2012
Foreword copyright © Delia Barton 2012
Japanese edition foreword copyright © Mark Taylor 2013
Japanese language text copyright © Mark Taylor and Yukie Taylor 2013
This translation of It's Raining Cats and Dogs is published by Tokyo Shoseki Co., Ltd., Tokyo
by arrangement with Jessica Kingsley Publishers Ltd., London

All rights reserved. No part of this publication may be reproduced in any material form (including photocopying or storing it in any medium by electronic means and whether or not transiently or incidentally to some other use of this publication) without the written permission of the copyright owner except in accordance with the provisions of the Copyright, Designs and Patents Act 1988 or under the terms of a licence issued by the Copyright Licensing Agency Ltd, Saffron House, 6–10 Kirby Street, London EC1N 8TS. Applications for the copyright owner's written permission to reproduce any part of this publication should be addressed to the publisher.

Warning: The doing of an unauthorised act in relation to a copyright work may result
in both a civil claim for damages and criminal prosecution.

ISBN 978-4-487-80757-4
Printed and bound in Japan

目次/CONTENTS

まえがき/FOREWORD　　　　　　　　　　　　　7

はじめに/INTRODUCTION　　　　　　　　　　　9

日本語版序文/JAPANESE EDITION INTRODUCTION　　15

古典的イディオム/CLASSIC IDIOMS　　　　　　19
- It's raining cats and dogs.............................20
- Getting the sack......................................21
- You're pulling my leg!................................22
- He went bananas.....................................23
- To chicken out.......................................24
- A different kettle of fish.............................25
- Stick to your guns...................................26
- Feeling under the weather...........................27
- I was over the moon.................................28
- It's a piece of cake..................................29
- You're burning the candle at both ends.............30
- It cost him an arm and a leg........................31
- Your ears are burning!..............................32

He's got something up his sleeve 33
Call a spade a spade. 34
Going round the houses 35
Breaking the ice 36
In a pickle 37
He's got the wrong end of the stick 38

省略表現/SHORTENED EXPRESSIONS 39
He had the sun in his eye 40
Put the kettle on. 41
I feel like a pizza. 42

日常表現/EVERYDAY EXPRESSIONS AND SAYINGS 43
He's driving me up the wall 44
His head is in the clouds. 45
I've got some time on my hands 46
It's hard to get your head around it 47
To cry your eyes out 48
A square meal. 49
He has a sweet tooth 50
He gave me a piece of his mind 51
My head was spinning. 52
I laughed my head off 53
To have a face like thunder. 54
I worked my socks off 55

It's not my cup of tea 56
We didn't meet eye to eye 57
He is all ears 58
To bend over backwards 59
That's how the cookie crumbles 60
To grab the bull by the horns 61
I changed my mind 62
He went out with a bang 63

両義語句/DOUBLE MEANINGS — 65
The drinks are on the house! 66
He caught my eye 67
Catch the bus 68
You're fired! 69
Draw the curtains 70
Bear with me 71
Toast the bride 72

メタファー（隠喩）/METAPHORS — 73
You've hit the nail on the head 74
You're winding me up 75
He flew up the stairs 76
He had egg on his face 77
The bread and butter 78
Splitting hairs 79

You took the words right out of my mouth 80
It's pouring down. 81
I was like a dog with two tails 82
Put yourself in my shoes. 83
To be under somebody's thumb. .84
The ball's in your court 85
He knows it inside out. 86
He ran around like a headless chicken 87
Keep your eyes peeled. 88
To open a can of worms 89
Set the cat among the pigeons 90

指示・明言/INSTRUCTIONS AND STATEMENTS　91

Take a seat. 92
Hang on!. 93
Don't rub it in. 94
Keep your eye on it 95
To put your foot down 96
Cut it out!. 97

巻末資料 掲載語句一覧
/THE LIST OF IDIOMS, METAPHORS & OTHER EXPRESSIONS　98

まえがき

　高機能自閉症あるいはアスペルガー症候群の人たちの思考と言語理解は通常、強迫的なまでに論理的です。稀にみる記憶力があり、膨大な事実的知識や語彙を備えていることが多いので、抽象的な概念理解も優れているだろうと過大評価されがちです。

　本書はもともと、マイケルが中学生のときに思いついたものです。当時のマイケルは、イディオム、メタファー、口語表現、比喩的表現といった言葉の複雑さがなかなか理解できませんでした。たいていの人たちは直感的に意味がわかる表現でも、高機能自閉症の彼の脳はそれを論理的に分析し、字義通りに解釈してしまうのです。

　そこで私たちはファイルを作ることにしました。マイケルは自分には理解出来ない語句を書き出し、そこから思い浮かぶイラストを添え、最後に語句の本当の意味をイラストの下に書きました。そうしたことで一つひとつの語句を覚えやすくなり、再びその語句を耳にしたときには適切に反応できるようになりました。

この方法は大成功を収めました。マイケルのファイルは、先生、家族、友だちにとっても自閉症の頭脳がどう作用するのかを理解する上で非常に貴重な資料となっています。

　ファイルを本にまとめるにあたり、語句・イラストの分類について私たちは何度も話し合いを重ねました。マイケルの当初の意見は全部アルファベット順に載せることでした。いかにも自閉症スペクトラムの人らしい体系的かつ論理的なアプローチです。しかし、本書出版の目的は、自閉症スペクトラムの人たちの考え方を一般の人たちに知ってもらうことも含まれていますので、「なぜこの語句が難しいのか」という理由によって分類することにしました。

　表現の解釈における思考過程の違いを理解する上で、本書は自閉症スペクトラムの人たち、および自閉症にかかわるすべての人たちの役に立つことと思います。みんなとは違っていても、世の中に貢献するスキルと才能をもった個人として、自閉症スペクトラムの人たちを受け入れるきっかけにもなるでしょう。

デリア・バートン

はじめに

　この本を書いたのは自閉症スペクトラムの人の物事のとらえ方を読者に理解してもらうためです。自閉症の人はどんな場合でも非常に論理的なアプローチをします。どんなことでも、いわゆる「白か黒か」で考えます(断っておきますが僕は色覚障害者(colour blind)ではありません。だから「いわゆる」とつけました)。しかし世の中には白でも黒でもない「グレーゾーン」があります。このグレーゾーンはやっかいです。今、大学で物理を専攻している理由も、僕が「白か黒か」の視点で世界を見るからだといえます。論理的な思考力があると、難解な概念を分解してわかりやすく考えることができます。実際にニュートンやアインシュタインなど有名な科学者の中には、自閉症の特徴があった人が多いそうです。

　自閉症の人の論理的思考は、ありとあらゆることに影響を与えます。日常的な場面や表現の解釈もその一つです。英語にはイディオムとメタファーがやたらと多く、字義通り解釈してしまう僕たちにはなかなか理解できないものもあります。例えば、'He laughed his head off.' もそうです。笑ったら頭がとれてしまった!? 字義通りに考えたらたいへんなことになります。子どもの頃、'Hang on.' と言われて、何につかまったらいいのかと戸惑ったこともありました。診察室で'Take a seat.'と言われたときには、シートを取ってどこかに持っていかなければならないのかと思いました。

自分の考え方を理解してもらえないと、自閉症スペクトラムの人は現実社会でつらい思いをすることがあります。先生に 'Pull your socks up.' と言われて靴下をひっぱりあげたら、反抗的だと見なされ罰されたりします（僕がそうだったからこれは確かです）。でも、その先生がこの本を読んでいたなら「この子は指示を言葉通り受けとり、従っただけなのだ」とわかるでしょう。子どもが理解できるようにもっとはっきり伝えなかったのが悪かったと気づくはずです。また、こんなこともありました。'Wait a minute.' と言われて僕は待ちましたが、60秒が過ぎると苛立ってきました。それで「もう1分以上待ってるよ」と言ったのです。言われた通りのことをしただけなのに、ひどく無礼なやつだと思われました。

　話の文脈（前後関係）に沿って考えることも自閉症スペクトラムの人は苦手です。定型発達の人たちはそれを直感的にできますよね。母が 'Draw the curtains.' と言ったとき、僕は暗い部屋で本を読んでいました。僕の反応、つまり、まず頭に浮かんだ論理的な考えは（カーテンを描いて、と言われたと思って）「でも、鉛筆がないんだけど」でした。それを聞いた母は 'Are you pulling my leg?' と言ってきたのですが、何の解決にもなりませんでした。

　なぜ母が僕に足を引っ張ってほしかったのかはいまだに謎ですが、このようなとんでもない表現を理解するため、僕は頭に思い浮かんだイメージを紙に描き、絵の下に語

句の本当の意味を記したところ、よく覚えられるようになりました。こうして、同じ語句を再び聞いたときには、相手が何を言おうとしているのか理解できるようになりました。しばらくたつと紙はけっこうたまって、ファイル1つぐらいになりました。それがこの本が出来る前の第一段階でした。

　あいまいな表現はイディオムやメタファーだけではありません。標識や案内板などにも非論理的なものがあります。下の写真は、最近見かけた標識です。

この矢印の間に
駐車しないでください

　この指示に 逆らおうとするなら、ものすごく小さい車でなきゃなりません。

11

It's Raining Cats and Dogs

　統一試験の問題用紙の上の方には、「このページはあえて空白にしてあります」と書かれていました。紙には文字が書かれているのに、どうして空白と言えるのでしょうか。

　公共の乗り物の案内にもどうにも奇妙なものがあります。ロンドンの地下鉄では「他の人を先に電車から降ろしてください」(Let other people off the train first.) というアナウンスを聞きました。でも誰かがまずこの指示に逆らわないかぎり、誰も乗り降りできないのではないでしょうか？　また、自宅近くの駅では「安全のためお客様は常に黄色い線の内側から出ないでください」(For their safety, passengers are requested to remain behind the yellow line at all times.) というアナウンスがされます。黄色い線はプラットホームの端から端まで引かれています。電車を乗り降りしようとするなら、やはりこの指示を無視しなければなりません。先日、バスの中にこんな表示がありました。

> **SAFETY NOTICE**
> **安全上の注意**
> Passengers are asked to
> **お客様は常に座席に**
> remain seated at all times
> **座っていてください**

　降りるときは、いったいどうしたらよいのか!?　乗客は永遠にバスに閉じ込められてしまうのでしょうか。

人が僕に対して簡潔明瞭に話してくれるのは、①数学と物理の授業中と、②外国旅行のときだけです。僕は事実に関することなら楽に覚えられるので、外国語の学習は得意で、語彙(ごい)も豊富です。外国に行けば、みんな僕にはっきりとわかりやすく話してくれます。現地の言葉のイディオムやメタファーなど、まぎらわしい語句を僕が知っているだろうとは思わないからです。たとえ僕の反応がぶっきらぼうだったり配慮に欠けていたりしても、「アスペルガーだから」というより「外国人だから」言い回しのスキルが不十分なのだと思われるに過ぎません。自国ではしょっちゅう無視されたり、つまはじきにされたりしますが、外国では他の人たちとまったく分け隔てなく対応してもらえます。学校の先生方は、自閉症スペクトラムの児童・生徒は外国から来た子どもだと考えて対応するといいかもしれません。

　自閉症スペクトラムの人がどのような考え方をするのかを知ることこそ、彼らを受け入れ、理解するための基本なのです。この本によって自閉症スペクトラムの子どもたちがさまざまなイディオムやメタファーなどの本来の意味を学べるように、また、日常的に彼らとかかわる大人が自閉症スペクトラムの思考過程を深く理解することで、プラス効果がもたらされるようにと願っています。

マイケル・バートン

日本語版 序文

　本書の英語表現は、著者マイケルが実際に日常会話で遭遇したものばかりです。イギリス人のマイケルは英語のネイティブスピーカーとして、英語の規則に精通しています。しかし、文法や単語の知識だけでは本書で取り上げられているフレーズの本当の意味はわかりません。いずれも字義通りの意味では使われない表現です。日本の英語の授業でも取り上げられることがあります。教科書でいくつか見たことがあるかもしれません。'It's raining cats and dogs.' と聞いて平然と傘に手を伸ばす人は、かなり英語を勉強しているはずです。自閉症スペクトラムのマイケルにとっても、意味が字義通りではないことが問題となっています。

　字義通りの解釈とはどんなものでしょう。イギリス人の友だちを家に招いたと想定してみてください。玄関に入った友だちは "My, you certainly have a green thumb!"（まあ、本当にあなたの親指は緑色ですね! ⇒ まあ、本当にあなたは植物を育てるのがお上手ですね!）と言います。あなたは友だちが来る前に観葉植物の世話をしていました。もしそこで「葉っぱの緑がついたんだろうか」と親指をしげしげと見つめるなら、それが字義通りの解釈です。あるいは単に 'Thank you.' と言うなら、あなたは友だちの意図を理解したことになります。驚きと感心が入り混じった称賛の気持ち、あなたとの関係の

肯定、心地よい雰囲気作り、そうしたことが友だちのさりげないコメントに託されているのです。定型発達の人は社交上のやりとりとして直感的にその意図を読み取り、そこから会話を続けることができます。日常会話においてこのような複雑なことが行われているとは、ふだんなかなか気がつかないものです。

　マイケルは会話表現の理解を深めるため、頭に浮かぶイメージを絵に描いて覚えるという方法を発見しました。そのおかげで現在のマイケルは周囲の定型発達の人たちが使う言語にアクセスできます。つまり日常会話の不可解かつ複雑な世界への道を見出したのです。彼はきっとうまくやっているはずです。これを読んでいるあなたも自閉症スペクトラムで、このような表現が苦手かもしれません。あるいは英語の会話表現を知りたいと思ってこの本を手にとった人もいるでしょう。いずれにしても本書は便利な資料になるはずです。あなた自身の英語の学習方法を高めるような見識やインスピレーションを与えることでしょう。言うまでもなく、言語経験は言語学習を形成します。

　私も思春期に、ある「言語学習経験」をしました。放課後、何人かの友だちとふざけていたときのことです。中の一人が "a can of worms"（89頁参照）という表現を使ったのです。彼はその言い方を覚えたばかりでした。私を含め、そこにいた他の誰も、そんな表現を聞いたことはありませんでした。「a can of worms!?　何それ!?」「a can of worms！うわー、気持ち悪い！ ありえないだろ！」私たちは笑い転げ、何度も 'a can of worms' と言い合いました。友だちが顔をしかめたり、大笑いしたりするのを見たくて 'a can of worms' と叫んだりもしました。笑いすぎてはじめに何の話をしていたかは忘れてしまいましたが、"a can of worms" だけはしっかり覚えました。少年時代の旺盛な想像力は鮮やかにそのイメージをつかみ、決して離すことはありませんでした。英語教育において想像力が過小評価されたり、十分に用いられていなかったりすることは残念です。マイケルの言語経験は、想像力と言語学習は切っても切れない関係であることを証しています。

　本書で挙げている表現に親しんでおくと、やりとりがなめらかになるでしょう。逆に、知らないと「蚊帳の外」にいるような感じがすることがあるでしょう。海外旅行をしたり、外国語で会話をしたりした経験のある人は、この「蚊帳の外」の感じがよくわかるはずです。教科書で覚えた表現以外の言い回しを使うのはなかなか大変です。観光旅行なら凝った表現を知らなくても大丈夫でしょう。食事の注文やホテルの予約など最小限の用事はできるはずです。ただし、必要なことが伝わればそこで話は終わってしまいます。本当の「会話」に台本はありません。実際の会話は 'Wow! It's raining cats and dogs!' というシンプルなコメントから始まることがあります。それに対して、頷くか、クスッと笑えば応答になるでしょう。そして会話はそこからまったく違う方向へ展開する可能

性があります。

　マイケルが選んだフレーズのほとんどは、世界中の英語を話す人たちに通じるものです。彼の育ったイギリスならではの文化背景を漂わせている表現もあります。それを見つけるのも楽しいでしょう。本書の慣用表現は別な文化の窓であると考えてみてください。例えば「それはまったく別な話だ」という意味で、イギリスでは "That's a different kettle of fish." (25頁)が、アメリカでは "That's a whole other ball game." がよく使われます。紅茶好きなイギリス、野球好きなアメリカ。表現を比べてみると違うイメージが浮かぶでしょう。どちらの言い方も会話では同じ効果を与えます。またアメリカでは "Going round the houses." (35頁)の代わりに、"Beating around the bush." が使われます。"Cut to the chase." と言われるかもしれません。このようなフレーズは一言で多くを語ります。時を経て使われ続けてきた便利な慣用表現として、話をまとめるときに役に立ちます。

　本書をめくって印象に残ったフレーズのイメージを思い浮かべ、それをマイケルのイメージと比べてみてください。似ているところ、違っているところを楽しんでください。思わず笑いがこみあげてくるようなフレーズはきっと頭に残ります。

マーク・テーラー

古典的イディオム

　個々の単語の意味がわかっても、イディオム(熟語・成句・慣用句・慣用語法)としての意味を引き出せないフレーズや表現がこれに相当します。定型発達の人は、単語と同様の学習方法でこれらの表現を覚えます。'It's raining cats and dogs,'と聞けば、彼らの脳はすぐに「どしゃぶり」という意味を思い出します。

　一方、僕の脳は、まず個々の単語を論理的に調べ、そこから合成された文章を理解しようとします。それがうまくいかないときには、絵が効果的だとわかりました。絵に描いておくと、フレーズを聞いたときに本当の意味を思い出しやすくなります。

It's Raining Cats and Dogs

It's raining cats and dogs

It's raining really hard

It's Raining Cats and Dogs

You're pulling my leg!

You're joking!

He went bananas

He went crazy

To chicken out

To not do something because you're scared

A different kettle of fish

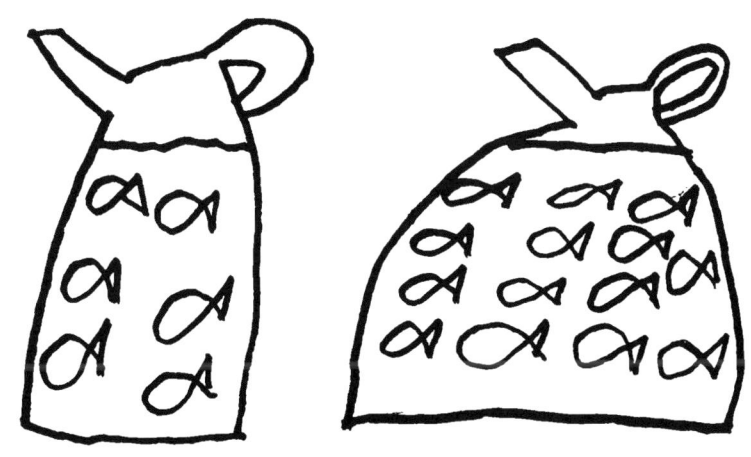

A totally different matter

It's Raining Cats and Dogs

Stick to your guns

Once you decide to do something, do it

Feeling under the weather

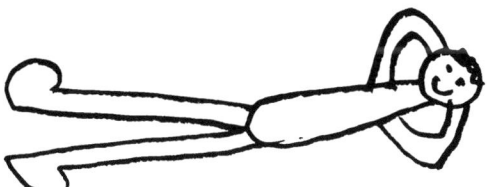

Feeling unwell

It's Raining Cats and Dogs

I was over the moon

I was very pleased

It's a piece of cake

It's really easy

It's Raining Cats and Dogs

You're burning the candle at both ends

You're getting up early and going to bed late

Your ears are burning!

Someone's talking about you!

He's got something up his sleeve

He has a secret plan or idea

Going round the houses

Taking a long time to explain something

It's Raining Cats and Dogs

Breaking the ice

Helping people feel at ease in a social situation

In a pickle

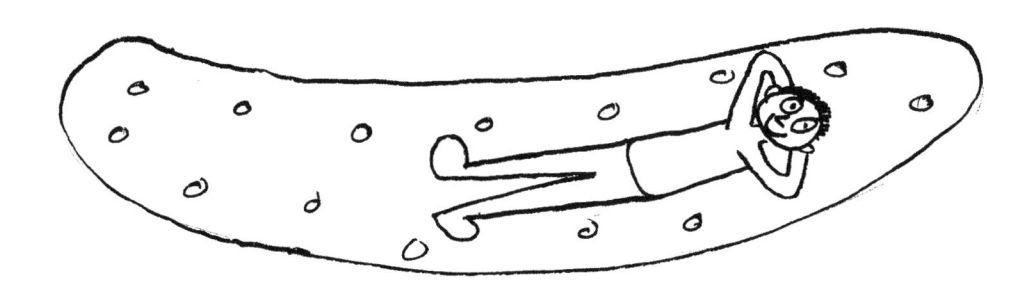

In a tricky situation

It's Raining Cats and Dogs

He's got the wrong end of the stick

He's got the wrong idea

省略表現

　元の文章を省略したり切り詰めたりした表現があります。例えば、'Put the kettle on.' は、'Put the kettle on the stove.' の略です。'I feel like a pizza.' は、'I feel like eating pizza.' の略。定型発達の人は単純にこうしたフレーズを記憶し、何か欠けているのか、そもそもそういう言い方なのかは考えもしません。

　僕の脳は、個々の単語の意味を組み立てるので、'I feel like a pizza.' を文字通りに解釈してしまいます。'Put the kettle on,' と聞くと、'Put the hat on,'（＝帽子をかぶる）と同様に考えてしまい、やかんはガスレンジではなく頭に乗せることになります。

It's Raining Cats and Dogs

He had the sun in his eye

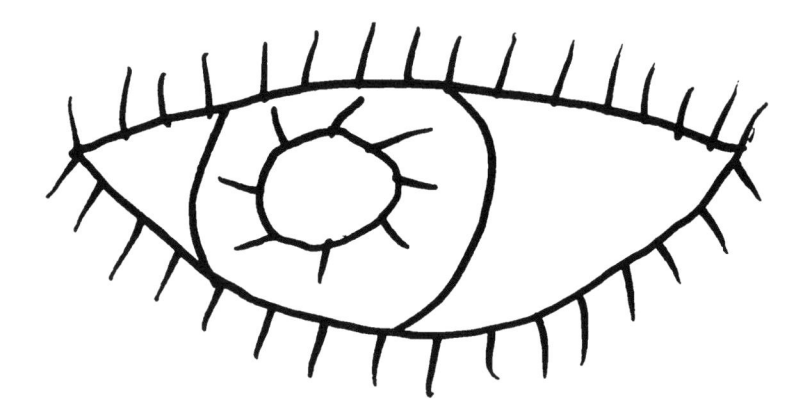

He had the sun shining into his eye

Put the kettle on

Switch the kettle on

It's Raining Cats and Dogs

I feel like a pizza

I feel like eating a pizza

日常表現

　定型発達の人は、非論理的な日常表現をおかしいとは思わずに口にします。ふだんの暮らしの中でずっと聞いて育っているため、ふつうの単語として覚えているのです。

　自閉症スペクトラムの人は、意味をきちんと教えてもらわなければなりません。僕たちはここで挙げるような日常表現を聞いたとき、直感的にイディオムだとは気づきません。いつも論理的に文字通りの解釈が正しいと思ってしまいます。文本来の意味とは関係のない言い回しをされると、本当に何が何だかわからなります。

It's Raining Cats and Dogs

He's driving me up the wall

Me

He's making me really cross

His head is in the clouds

He's daydreaming

It's Raining Cats and Dogs

I've got some time on my hands

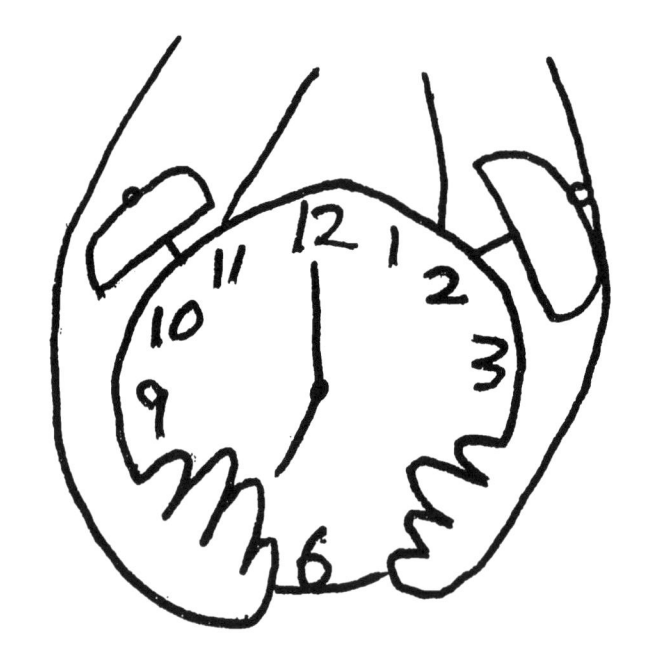

I've got some spare time

It's hard to get your head around it

It's hard to understand it

It's Raining Cats and Dogs

To cry your eyes out

To cry a lot

A square meal

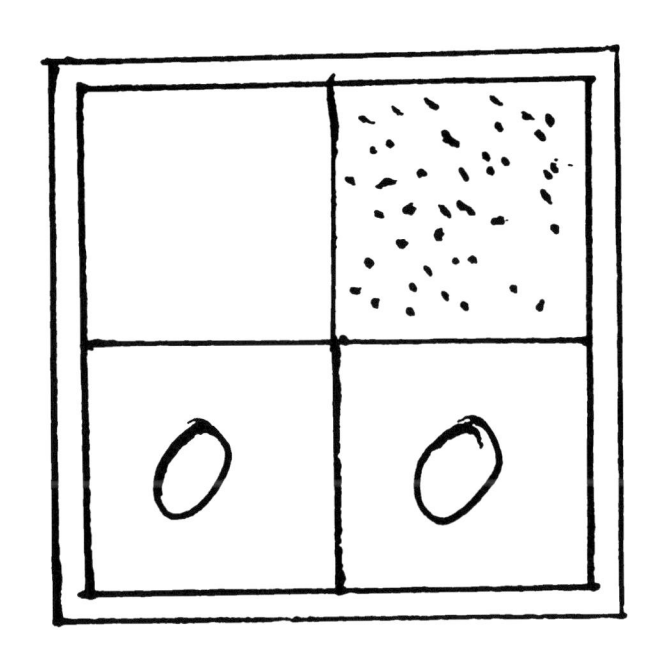

A balanced meal

It's Raining Cats and Dogs

He has a sweet tooth

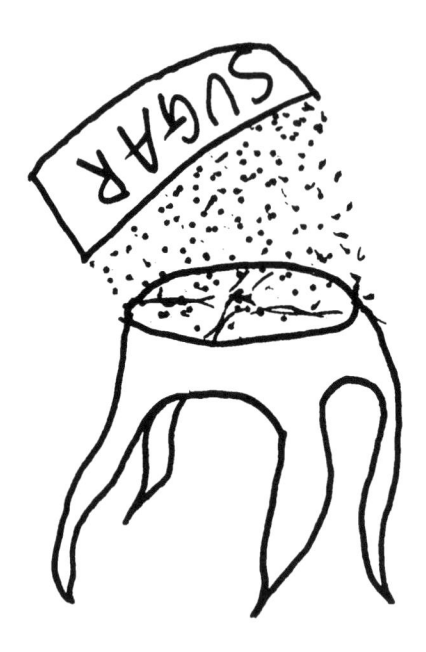

He likes sweet food

He gave me a piece of his mind

He was angry and he told me what he thought

It's Raining Cats and Dogs

My head was spinning

I had many thoughts

I laughed my head off

I laughed a lot

It's Raining Cats and Dogs

To have a face like thunder

To have a very angry expression

I worked my socks off

I worked really hard

It's not my cup of tea

It's not the kind of thing I like doing

We didn't meet eye to eye

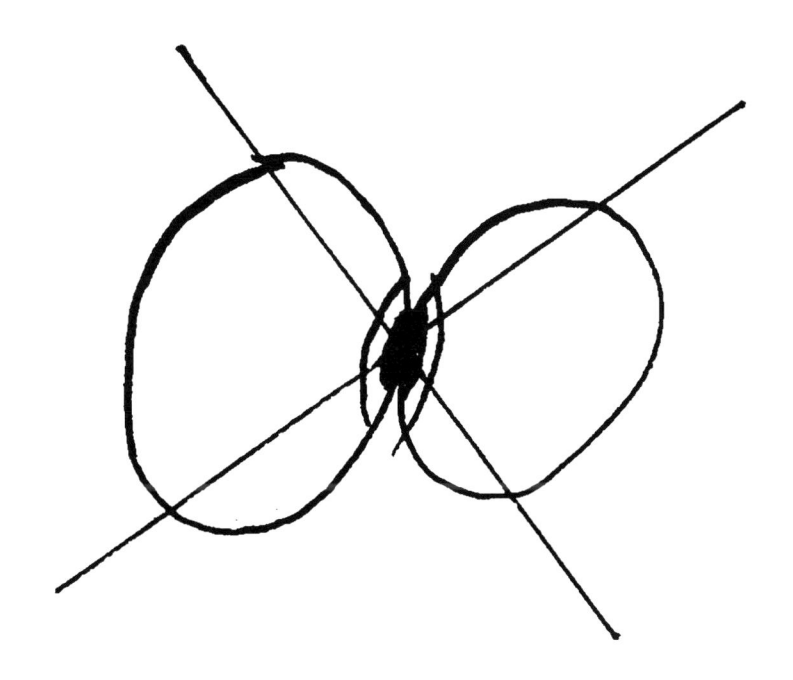

We didn't agree

It's Raining Cats and Dogs

He is all ears

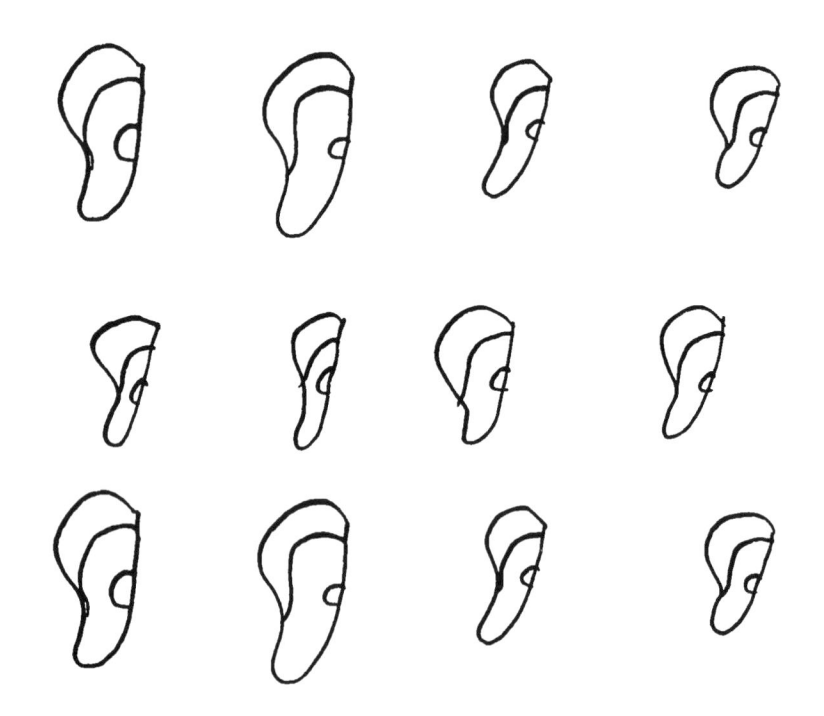

He is paying full attention

To bend over backwards

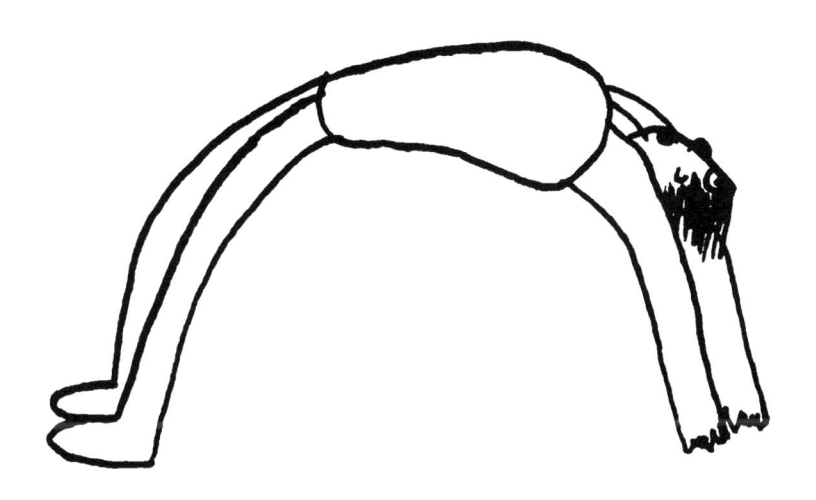

To put a lot of effort into something to please someone

It's Raining Cats and Dogs

That's how the cookie crumbles

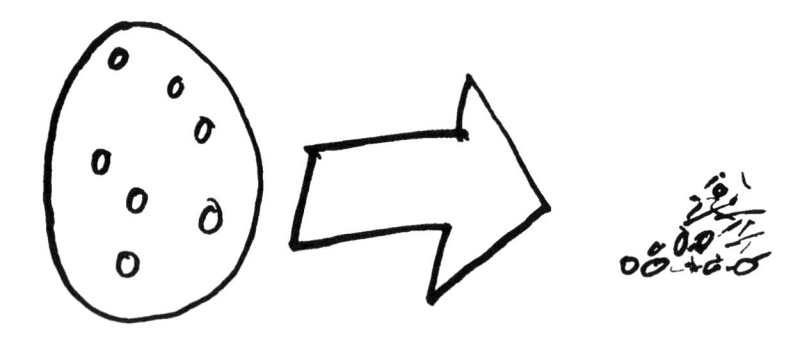

That's just the way things happen

To grab the bull by the horns

To take control of the situation

It's Raining Cats and Dogs

I changed my mind

I changed my opinion

62

He went out with a bang

He did something memorable
before he left

両義語句

　もし僕が 'Draw the curtains.' と言われたら、鉛筆でカーテンの絵を描くでしょうか。それともカーテンを引くでしょうか。定型発達の人の脳なら、状況を考慮し、二つの意味を比べて当てはまりそうな方を選ぶでしょう。

　僕の脳は、最初に頭に浮かんだ意味が正しいと考えます。draw といえば、たいていは「鉛筆を使うこと」だから、そういう意味だろうと思うのです。その時点で別な解釈があるかもしれないという考えは到底出てきません。

It's Raining Cats and Dogs

The drinks are on the house!

The drinks are free!

He caught my eye

He got my attention

It's Raining Cats and Dogs

Catch the bus

Go by bus

You're fired!

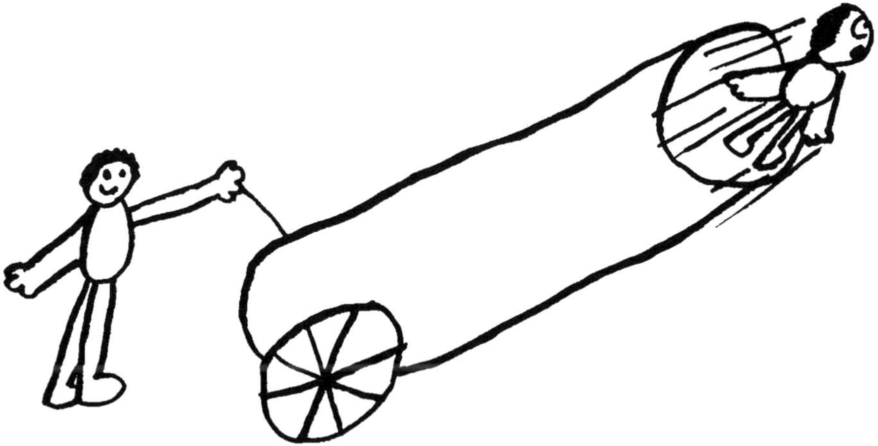

You've lost your job

It's Raining Cats and Dogs

Draw the curtains

Close/Open the curtains

Bear with me

Please be patient

It's Raining Cats and Dogs

Toast the bride

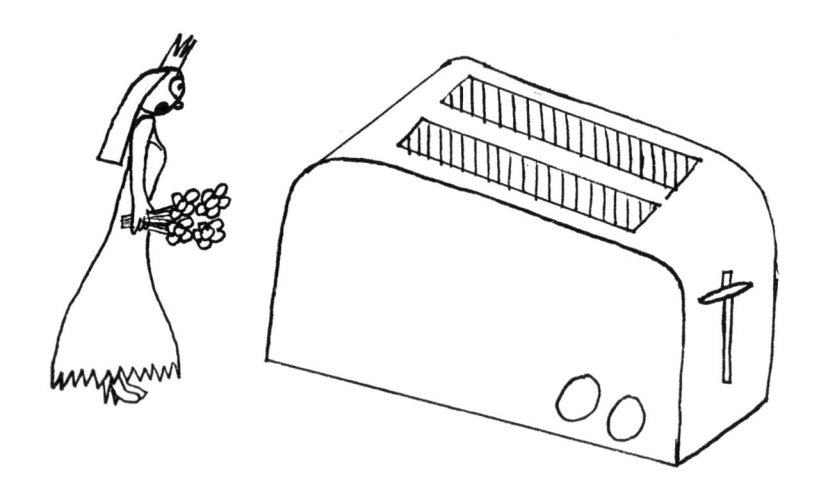

Drink to the bride's good health

メタファー（隠喩）

　メタファーは比喩の一種で、「〜のように」「〜に似て」のように表現する直喩・明喩とは異なり、隠喩・暗喩と呼ばれ、喩えるものを直接に明示せずに類推・連想させる表現方法です。言い換えで伝えたいことを明らかにする目的があります。

　例えば、'He flew up the stairs.' とは、「彼は階段をものすごい速さで駆け上がって行った」ということです。しかし僕の脳は、あることが別の何かに例えられていることが理解できません。言われたことを文字通りにとらえるだけなのです。'He flew up the stairs.' と聞けば、羽の生えた人が実際に飛んでいる姿を想像します。定型発達の人は意味を明確にしようとして 'He hit the nail on the head.' などのメタファーを使いますが、僕には明確どころか、まったく逆効果です。

　僕にとって意味をなさないフレーズを覚えるのは不可能に近いのですが、写真や絵なら記憶できるのです。日常生活でよく使われるイディオムやメタファーを理解するには、絵が役立っています。

It's Raining Cats and Dogs

You've hit the nail on the head

You've got it exactly right

You're winding me up

You're annoying me

It's Raining Cats and Dogs

He flew up the stairs

He rushed up the stairs

He had egg on his face

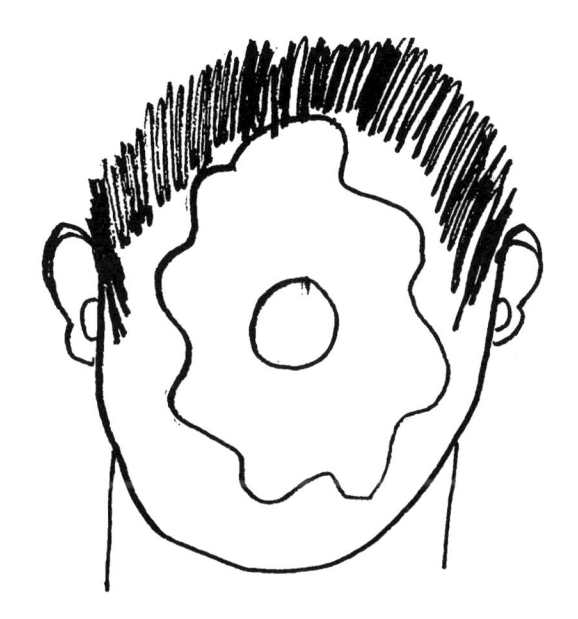

He did something to make himself look silly

It's Raining Cats and Dogs

The bread and butter

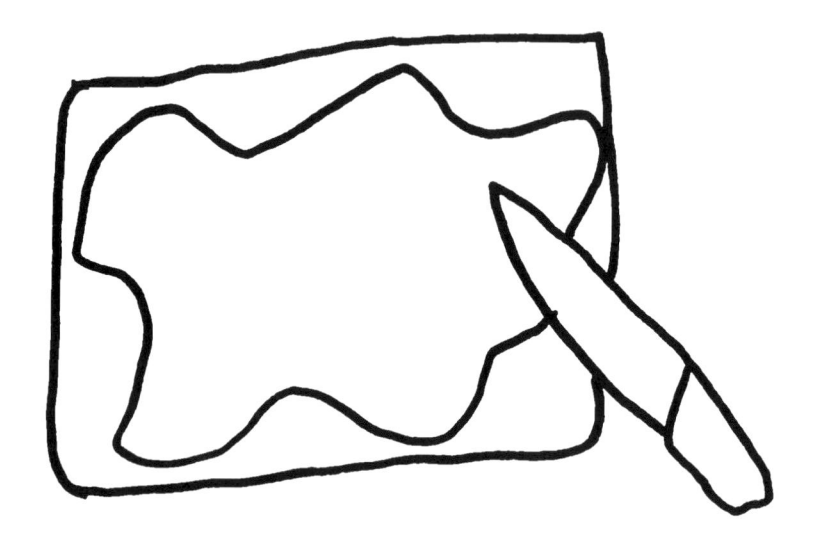

The essentials

Splitting hairs

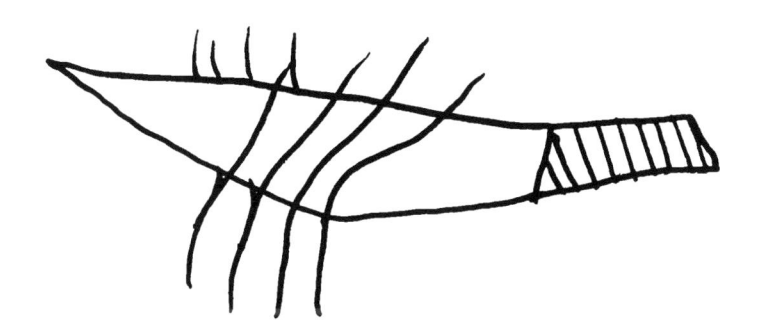

Being very precise

It's Raining Cats and Dogs

You took the words right out of my mouth

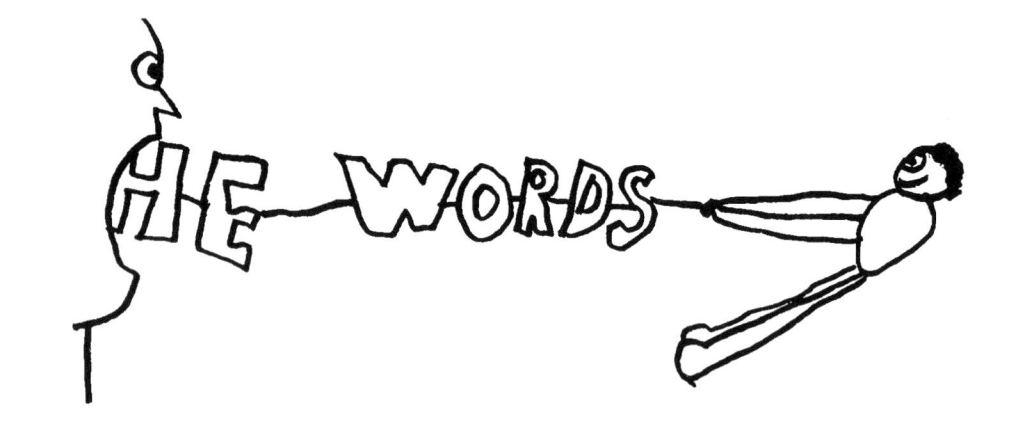

You said what I was going to say

It's pouring down

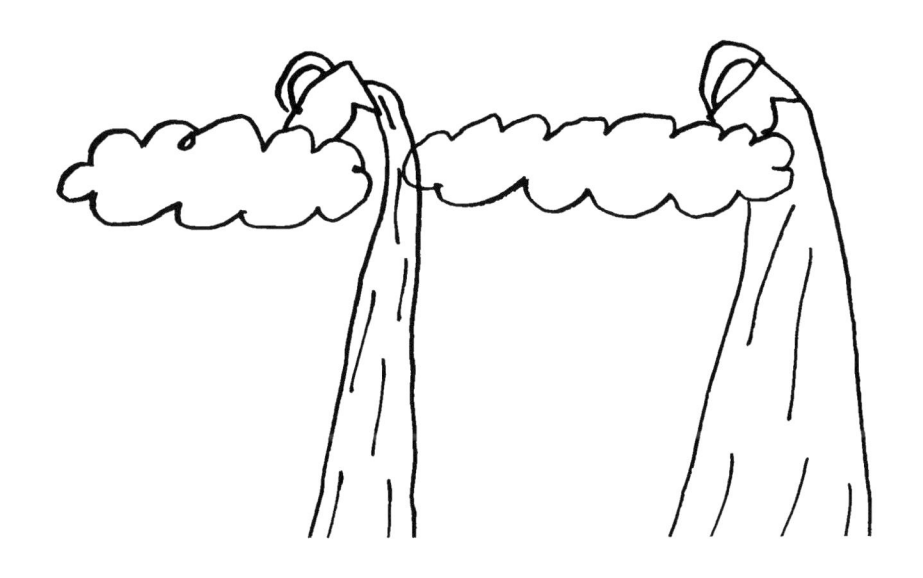

It's raining really hard

It's Raining Cats and Dogs

I was like a dog with two tails

I was really happy

Put yourself in my shoes

Try to look at things
from my point of view

To be under somebody's thumb

To always do what somebody says

The ball's in your court

It's your turn to do something

It's Raining Cats and Dogs

He knows it inside out

He knows it very well

He ran around like
a headless chicken

He had no control
over the situation

It's Raining Cats and Dogs

Keep your eyes peeled

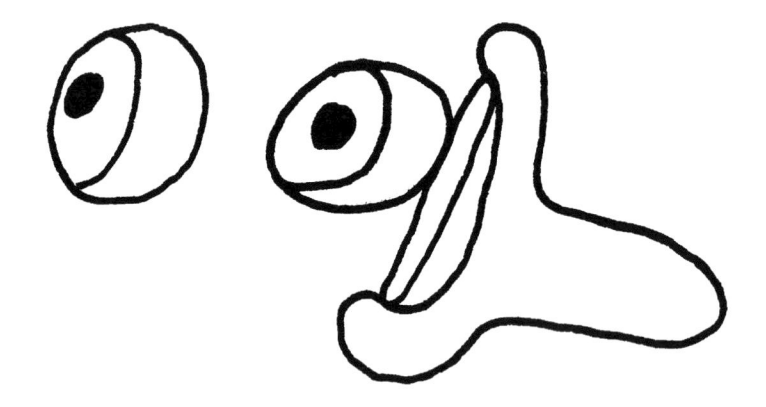

Look out very carefully

To open a can of worms

To do something that will cause future problems

Set the cat among the pigeons

Disturb a peaceful situation

指示・明言

　僕たち自閉症スペクトラムの人は、特に指示や明言をストレートに解釈する傾向があります。たとえ意味が通らなくても字義通りそのまま受け取ります。ところが定型発達の人は、状況に関連した意味につなげて覚えられます。

　先生に 'Pull your socks up.' と言われたとき、僕は靴下をひっぱりあげました。すると無礼で生意気だと叱られました。何も間違ったことはしていないのに（少なくとも「わざと」間違えたわけではないのに）！

　ほかにも、学校では 'Belt up.' 'Wipe that grin off your face' 'You'd better sharpen your pencil.' といった指示で苦い経験をしました。二度と失敗しないように、どうしたらこうした指示表現を覚えられるのか。それは簡単。やはり絵を描くことです。

It's Raining Cats and Dogs

Take a seat

Sit down

It's Raining Cats and Dogs

Don't rub it in

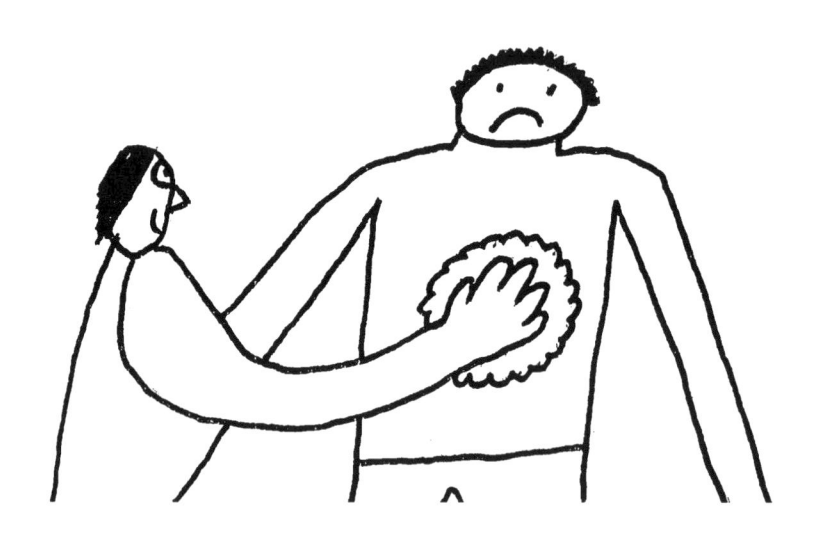

Don't keep going on about it

Keep your eye on it

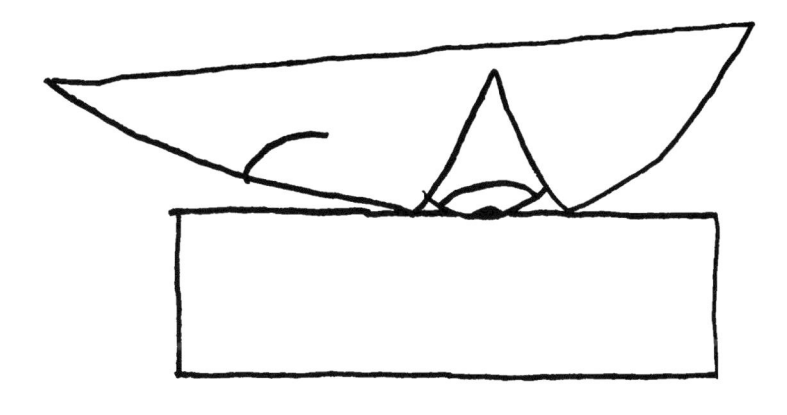

Pay a lot of attention to it

It's Raining Cats and Dogs

To put your foot down

To say enough's enough

Cut it out!

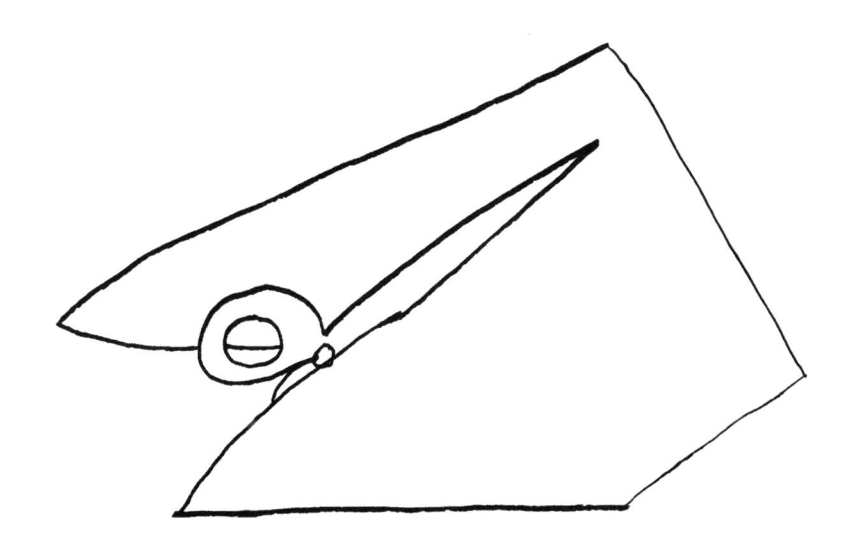

Stop it!

巻末資料　掲載語句一覧

※ イディオムなどは、耳と目と口を総動員して覚えるのがベストと言われています。
※ 代替・類似表現で日本語が書かれていないものは左欄とほぼ同様の意味です。
※ イタリックの部分の人称は、変えることができます。

古典的イディオム

頁	英語表現 / 直訳	意味（英／和）	代替・類似表現
20	It's raining cats and dogs 猫と犬の雨降りだ	It's raining really hard どしゃぶりだ	It's raining like crazy
21	Getting the sack 袋をもらう	Losing *your* job 仕事を失う	Getting the axe / Getting fired
22	*You're* pulling *my* leg! 僕の脚を引っ張ってるだろ！	*You're* joking! 冗談でしょう！	*You're* putting *me* on!
23	*He* went bananas バナナになった	*He* went crazy 頭がおかしくなった	*He* went nuts *He* went berserk/berzerk
24	To chicken out ニワトリを出す (chicken は動詞)	To not do something because you're scared　おじけづいてやめる	To cop out To get cold feet
25	A different kettle of fish 魚の入った別のやかん	A totally different matter まったく別な問題	Apples and oranges
26	Stick to *your* guns 自分の銃にくっつけろ	Once you decide to do something, do it　すると決めたら、やりなさい	Stand *your* ground
27	Feeling under the weather 天気の下にいる感じ	Feeling unwell 具合が悪い	Feeling pekid
28	*I was* over the moon 月を超えた	*I was* very pleased すごく嬉しかった	*I was* in heaven *I was* on cloud nine

頁	英語表現 / 直訳	意味（英/和）	代替・類似表現
29	It's a piece of cake ケーキ一切れです	It's really easy とても簡単です	It's a snap / It's a breeze It's as easy as pie
30	*You're* burning the candle at both ends ろうそくの両端を燃やしてますね	*You're* getting up early and going to bed late　早くに起床し、遅くに就寝する（⇒ 早朝から深夜まで働く） （⇒ 欲張りすぎて精力を消耗する）	*You're* burning the midnight oil 夜更かしをして仕事(勉強)をする
31	It cost *him* an arm and a leg 片腕と片脚を犠牲にした	It was very expensive 値段が非常に高かった	It cost *him* a pretty penny
32	*Your* ears are burning! 耳が燃えてますよ！	Someone's talking about *you*! 誰かがあなたの噂をしています	
33	*He's* got something up *his* sleeve　袖に何か入れている	*He has* a secret plan or idea 秘密の計画や考えがある	*He's* up to something
34	Call a spade a spade 鋤は「鋤」と呼べ	Speak plainly 率直に言いなさい	Make no bones about it Lay it on the line　かくしだてなく 率直に言う。あからさまに言う
35	Going round the houses 家の周辺を回る	Taking a long time to explain something　遠まわしに話す・言う	Beating around the bush
36	Breaking the ice 氷を割る	Helping people feel at ease in a social situation　場をなごませようとする	Getting the ball rolling 口火を切る
37	In a pickle ピクルスの中	In a tricky situation やっかいな状況	In a jam / fix / bind
38	*He's* got the wrong end of the stick 棒の間違った端をもっている	*He's* got the wrong idea 思い違いをしている	*He's* missing the boat 理解していない *He's* barking up the wrong tree 見当違いをしている

省略表現

頁	英語表現 / 直訳	意 味（英/和）	代替・類似表現
40	*He* had the sun in *his* eye 眼の中に太陽があった	*He* had the sun shining into *his* eye まぶしかった	
41	Put the kettle on やかんをつけて	Switch the kettle on やかんを火にかけて	
42	*I feel* like a pizza ピザになった気持ち	*I feel* like eating a pizza ピザを食べたい気分	*I'm* up for pizza.

日常表現

頁	英語表現 / 直訳	意 味（英/和）	代替・類似表現
44	*He's* driving *me* up the wall 彼は僕を乗せた車で壁を上がっている	*He's* making *me* really cross 彼には非常に腹が立つ	*He's* driving *me* nuts/bananas/crazy
45	*His* head is in the clouds 頭は雲の中	*He's* daydreaming 空想している	*He's* out to lunch / *He's* spaced out　ぼーっとしている
46	*I've* got some time on my hands 時間が両手に乗っている	*I've* got some spare time 時間に余裕がある	*I've* got some time to kill
47	It's hard to get *your* head around it 頭を回すのは難しい	It's hard to understand it 理解するのが難しい	*I* can't make heads or tails of it
48	To cry *your* eyes out 目が取れるまで泣く	To cry a lot たくさん泣く	To cry a river
49	A square meal 四角い食事	A balanced meal 栄養バランスのとれた食事	Three squares a day 1日3回のバランスのとれた食事

頁	英語表現 / 直訳	意味 (英/和)	代替・類似表現
50	*He has* a sweet tooth 甘い歯がある	*He likes* sweet food 甘いものが好き	*He has* a soft spot for sweets 甘いものに目がない
51	*He* gave me a piece of *his* mind 心を一切れくれた	*He was* angry and *he* told *me* what *he* thought 怒ってその理由を直接伝えてくれた	*He* told *me* off
52	*My* head *was* spinning 頭がくるくる回っていた	*I* had many thoughts 考えることがたくさんあった	*My* head *was* swimming
53	*I* laughed *my* head off 笑ったら頭がとれた	*I* laughed a lot 大笑いした	*I* almost died laughing
54	To have a face like thunder 雷みたいな顔	To have a very angry expression 非常に怒った表情	If looks could kill… すごい目つきでにらまれた
55	*I* worked *my* socks off 靴下を脱いで作業した	*I* worked really hard 一生懸命がんばった	*I* worked *my* butt off
56	It's not *my* cup of tea 僕のお茶ではない	It's not the kind of thing *I* like doing 僕のやりたいこと / 好みではない	It's not *my* bag It's not *my* thing
57	*We* didn't meet eye to eye 目と目で会わなかった	*We* didn't agree 意見が一致しなかった	*We* didn't see eye to eye
58	*He is* all ears 彼は耳だらけです	*He is* paying full attention 注意深く話を聞いている	
59	To bend over backwards 後ろ向きに曲げる	To put a lot of effort into something to please *someone* ある人を喜ばせようと一生懸命何かをする	To go out of *one's* way
60	That's how the cookie crumbles このようにしてクッキーは砕けるのである	That's just the way things happen 世の中はそんなものさ	That's the way the ball bounces

101

頁	英語表現 / 直訳	意 味（英/和）	代替・類似表現
61	To grab the bull by the horns 牛の角をつかむ	To take control of the situation 状況に対処する	To tackle it head on To step up to the plate
62	I changed my mind 心を取り換えた	I changed my opinion 考えを変えた	I had a change of heart I had second thoughts
63	He went out with a bang 爆音とともに出ていった	He did something memorable before he left 去る前に忘れられないことをした	He went out in style

両義語句

頁	英語表現 / 直訳	意 味（英/和）	代替・類似表現
66	The drinks are on the house! 飲み物は家の上！	The drinks are free! 飲み物無料！	The drinks are on me! 飲み物は僕のおごり
67	He caught my eye 彼は僕の目を捕まえた	He got my attention 彼は僕の注意を引いた	
68	Catch the bus バスをキャッチしろ	Go by bus バスで行きなさい	Take the bus
69	You're fired! あなたは撃たれた！	You've lost your job あなたは失業した ⇒ 解雇された	
70	Draw the curtains カーテンの絵を描いて	Close/Open the curtains カーテンを閉めて / 開けて	Draw a bath お風呂にお湯をはって
71	Bear with me 僕と一緒のクマ	Please be patient 辛抱してください	Hang in there
72	Toast the bride 花嫁をトーストする	Drink to the bride's good health 花嫁の健康を願って乾杯する	

メタファー（隠喩）

頁	英語表現 / 直訳	意味 (英/和)	代替・類似表現
74	*You've* hit the nail on the head 釘の頭を打ちましたね	*You've* got it exactly right まさにその通りです	Bingo!
75	*You're* winding *me* up きみは僕のねじを巻いている	*You're* annoying *me* きみ、うるさいよ	*You're* ticking *me* off
76	*He* flew up the stairs 階段を飛んで行った	*He* rushed up the stairs 急いで階段を駆け上がった	*He* sailed through *his* work やすやすと仕事をした
77	*He* had egg on *his* face 顔に卵をつけていた	*He* did something to make *himself* look silly 自分を愚かに見せるようなへまをした	
78	The bread and butter バター付きパン	The essentials 欠かせないもの	*Our* meal ticket 収入源
79	Splitting hairs 髪の毛を裂く	Being very precise きちょうめん	Nitpicking あらさがし
80	*You* took the words right out of *my* mouth きみは僕の口からいきなりその言葉を取った	*You* said what *I* was going to say きみは僕が言おうとしていたことを言った	
81	It's pouring down どんどん注いでいます	It's raining really hard 雨が激しく降っている	It's coming down buckets
82	*I* was like a dog with two tails 僕はしっぽが2つある犬のようだった	*I* was really happy 僕はすごく嬉しかった	*I was* as happy as a clam
83	Put *yourself* in *my* shoes きみの体を僕の靴に入れて	Try to look at things from *my* point of view 僕の立場で考えてみて	Put *yourself* in *my* place/position
84	To be under *somebody's* thumb 誰かの親指の下にいる	To always do what *somebody* says いつも誰かの言いなりになっている	To be at *somebody's* beck and call / To be wrapped around *somebody's* little finger

103

頁	英語表現 / 直訳	意味（英／和）	代替・類似表現
85	The ball's in *your* court ボールはきみのコートにある	It's *your* turn to do something きみの番だよ	It's *your* move
86	*He* knows it inside out 裏返しに知っている	*He* knows it very well とてもよく知っている	*He* knows it backwards and forwards *He* knows it like the back of *his* hand
87	*He* ran around like a headless chicken 頭のとれたニワトリみたいに走り回った	*He* had no control over the situation 状況に対処できなかった	*He* ran around like a chicken with its head cut off
88	Keep *your* eyes peeled 目の皮をむいたままでいなさい	Look out very carefully よく注意して見なさい	Be on the lookout for
89	To open a can of worms ミミズの缶詰を開ける	To do something that will cause future problems 問題になるようなことをする	To get more than *you* bargained for 思わぬことになる
90	Set the cat among the pigeons 鳩の群れにネコを放す	Disturb a peaceful situation 平和な状況を乱す	Raise a ruckus

指示・明言

頁	英語表現 / 直訳	意味（英／和）	代替・類似表現
92	Take a seat 座席を取って	Sit down 座って	Have a seat
93	Hang on! つかまって！	Wait! 待って！	Hold *your* horses!
94	Don't rub it in それをすり込まないで	Don't keep going on about it そのことを何度も言わないで	Don't rub *my* nose in it
95	Keep *your* eye on it その上に目を置いておきなさい	Pay a lot of attention to it それに十分注意していなさい	
96	To put *your* foot down 足を地につける	To say enough's enough いいかげんにしろと言う / もうたくさんだと言う	※子どもがけんかをやめないとき、人がしつこいときなどに使う表現。会話を終わらせるときにも使う。
97	Cut it out! 切りなさい！	Stop it! やめなさい！	Knock it off!

マイケル・バートン Michael Barton
イギリスに生まれる。サリー大学で物理学を専攻している高機能自閉症の大学生。親御さんや子どもたちを激励するために自閉症スペクトラムであることの利点について説明したり講演したりしている。才能あるミュージシャンで、ジャズピアノ、フレンチホルンを演奏し、柔道も楽しんでいる。

マーク・テーラー Mark Taylor
アメリカ合衆国ワシントン州に生まれる。ワシントン州立エバーグリーン大学（日本学専攻）を卒業後、中学校英語指導助手として来日。十年間公立中学校に勤務した後、兵庫教育大学大学院学校教育研究科英語教育専攻修士課程を修了。現在、兵庫県立大学講師。趣味は野菜作り。

幸恵・テーラー Yukie Taylor
北海道に生まれる。フリーライターを経て、現在は翻訳に携わる。
《主な訳書》：『レット症候群ハンドブック』（監共訳）2002年 日本レット症候群協会出版『自閉症へのABA入門―親と教師のためのガイド』2003年『アスペルガー症候群への支援:小学校編』2005年『アスペルガー症候群への支援:思春期編』2006年『アプローチ & メソッド 世界の言語教授・指導法』（共訳）2007年『自閉症の子どもの指導法―子どもに適した教育のためのガイド』2008年『眼を見なさい：アスペルガーとともに生きる』2009年『自閉症スペクトラムの少女が大人になるまで』2010年 いずれも東京書籍

自閉症関連用語解説(2頁)――協力： 東條吉邦（茨城大学教育学部教授）

生きた英語表現を楽しく学ぶ絵辞典
イディオム・省略表現・日常表現・両義語句・メタファーなど

2013年2月14日　第1刷発行

マイケル・バートン　著・イラスト
マーク & 幸恵 テーラー　訳

発行者　川畑慈範
発行所　東京書籍株式会社
東京都北区堀船 2-17-1　〒114-8524
電話　営業 03-5390-7531　編集 03-5390-7513
印刷・製本　株式会社 シナノ パブリッシング プレス

禁無断転載　乱丁・落丁の場合はお取り替えいたします。
東京書籍　書籍出版情報 http://www.tokyo-shoseki.co.jp/
e-mail: shuppan-j-h@tokyo-shoseki.co.jp
ISBN 978-4-487-80757-4　C0082
Japanese text copyright © 2013 by Mark Taylor and Yukie Taylor
All rights reserved.
Printed in Japan